Temperino rosso
edizioni

Walter Benjamin

Parigi, capitale del XIX secolo

A cura di
Attilio Fortini

Temperino rosso edizioni

Titolo: Parigi, capitale del XIX secolo

Autore: Walter Benjamin

Illustrazioni, traduzione, premessa e postfazione: Attilio Fortini

Editore e distributore: Lulu.com

Concezione ed elaborazione: Temperino rosso edizioni

Prima edizione 2012

ISBN 978-1-4716-4116-9

Parigi, capitale del XIX secolo

Premessa

Il presente scritto è una traduzione dalla lingua francese della relazione che Walter Benjamin redige nel 1939. Una versione simile aveva già visto la luce in lingua tedesca nel 1935. Su consiglio di Max Horkheimer, che gli aveva prospettato la possibilità di ricevere una borsa di studio americana da parte del banchiere Frank Altschul, Benjamin riformula lo scritto tedesco commissionatogli dall'Istituto di ricerche sociali dell'Università di Francoforte. La versione francese si differenzia da quella tedesca per una diversa impostazione. A detta di Benjamin stesso, nella lettera che accompagna l'invio del manoscritto a Horkheimer, il confronto tra l'apparenza e la realtà ha acquisito qui una funzione centrale. Gli aspetti teorici hanno preso il sopravvento su quelli pragmatici, e i riferimenti alla lotta di classe, "quasi tutti", che potevano essere per lo più mal interpretati oltremare, sono spariti. Benjamin sostiene inoltre che aver messo in luce in modo più netto che nel precedente scritto i fondamenti teorici, è avvenuto principalmente tramite l'apporto dell'introduzione e delle conclusioni.

Il progetto di studi non trovò tuttavia il finanziamento sperato, probabilmente per il parere sfavorevole di chi si trovò a vagliarlo; ciononostante esso si presenta ai nostri occhi come una sintesi raguardevole di ciò che concerne la struttura portante di quella che avrebbe dovuto essere la sua opera monumentale: *I Passaggi*; opera della quale ci è giunta una mole considerevole di scritti preparatori, costituita da note e citazioni redatte in forma d'ispirazione già a partire dal 1927 e fino al 1940, anno della sua morte, e che Benjamin non concluse.

Figura 1 *Ritrovare la Storia*

Introduzione

> La storia è come Giano, ha due facce: che os-
> servi il passato o il presente, vede le stesse co-
> se.
>
> Maxime Du Camp, *Paris*. VI, p. 415.

Lo scopo di questo libro lo si può ritrovare in quell'illusione che Schopenhauer designa quando sostiene che **per
comprendere l'essenza della storia è sufficiente con-
frontare Erodoto con la stampa del mattino** [*Fig.1*]. Ciò
esprime molto bene la sensazione di vertigine apparte-
nente alla concezione che il secolo scorso possedeva della
storia. Questa corrisponde ad un modo di vedere che or-
dina il corso del mondo in una serie illimitata di fatti fissati come cose. Il risultato di questa concezione è ciò che
nominiamo "Storia della Civiltà", la quale fa l'inventario
punto per punto delle forme di vita e delle creazioni
dell'umanità. Le ricchezze così collezionate nell' *aerarium*
del percorso di civilizzazione, appaiono per sempre iden-
tificate. Tuttavia questa concezione si appropria troppo
facilmente del fatto che esse devono, non solamente la loro esistenza, ma anche la loro trasmissibilità ad uno sfor-
zo costante della società, che fa sì che esse poi si ritrovino
sovrastimate e stranamente alterate. La nostra indagine si
propone di mostrare come in conseguenza di questa rappresentazione cosistica del processo di civilizzazione, le
nuove forme di vita e le nuove creazioni a base economica
e tecnica, che noi imputiamo al secolo trascorso, appar-
tengano invece all'universo di una fantasmagoria. Queste
creazioni appaiono sotto questo tipo d'illuminazione, non
solo per effetto di una presunta e teorica trasposizione

ideologica, bensì nell'immediatezza di una vera e propria
presenza sensibile. Esse difatti sono in questo modo che
prendono forma come fantasmagorie. Ed è anche così che
si devono considerare i *"passages"*, ossia le prime realizzazioni architettoniche in ferro; così come le esposizioni
universali, nelle quali l'accoppiamento tra l'industria e il
divertimento si dimostra significativo; nello stesso ordine
di fenomeni deve collocarsi anche l'esperienza del *flâneur,*
che si abbandona alle fantasmagorie del mercato. A queste
fantasmagorie dove gli uomini non appaiono altro che sotto quei tipici aspetti corrispondenti agli interni d'abitazione, e che si trovano costituite dalla forte tendenza
dell'uomo a lasciare nelle stanze in cui abita l'impronta
della sua esistenza individuale e privata. Per quanto ri-
guarda la fantasmagoria della civiltà stessa, questa ha invece trovato la sua evidenza emblematica in Haussmann,
principalmente nelle trasformazioni urbaniste da lui ap-
portate alla città di Parigi. La velocità d'apparizione di
questo tipo di società produttrice di beni, così come la
magnificenza che l'avviluppa e il sentimento illusorio di
sicurezza che vorrebbe offrire, non mettono però al riparo
da eventuali minacce; la disfatta del Secondo Impero e la
Comune di Parigi sono ormai eventi fissati nella memoria
di tutti. Nello stesso periodo l'avversario più temuto di
questo tipo di società, Blanqui, nel suo ultimo scritto le ha
rivelato i tratti brutali della sua fantasmagoria. Lì l'umanità appare come dannata. Tutto quello che potrà sperare di
nuovo si rivelerà essere nient'altro che la stessa realtà
presente da sempre; e questo nuovo sarà così incapace di
fornirle una soluzione liberatrice, allo stesso modo in cui
una nuova moda lo è per il rinnovamento della società. La
riflessione cosmica di Blanqui insegna dunque che tanto
quella fantasmagoria avrà un posto nella società, e tanto

l'umanità dovrà rassegnarsi a rimanere preda di un'angoscia mitica.

Figura 2 *Vorrei*

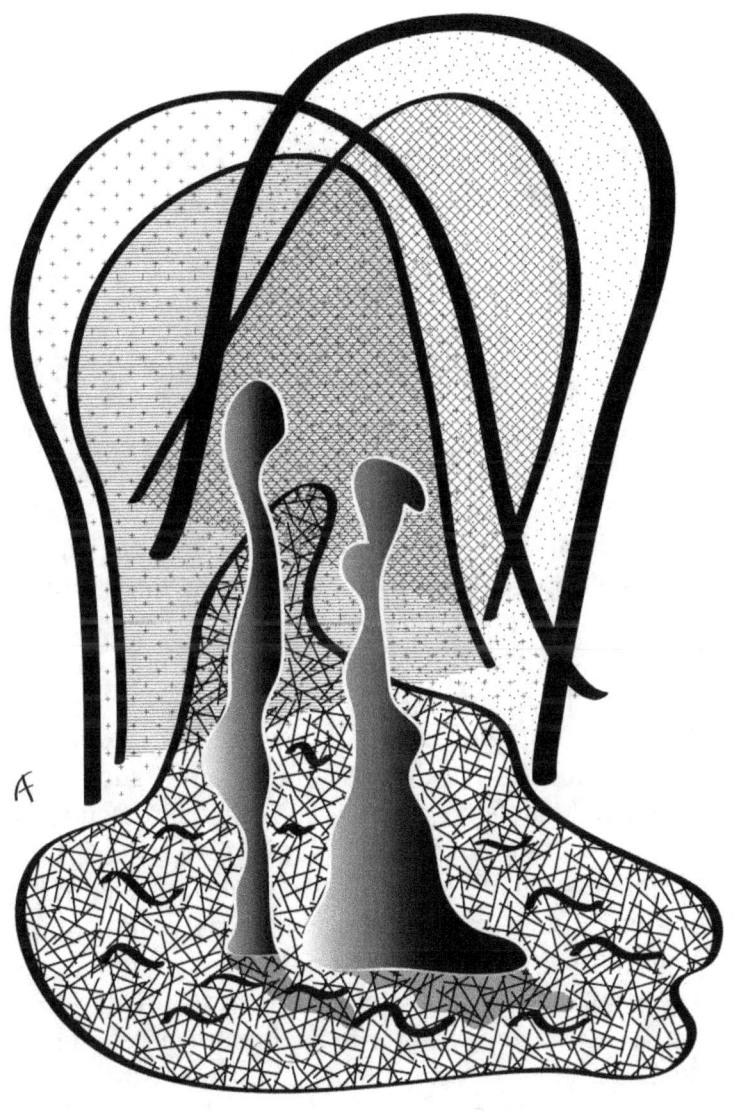

A. Fourier o i passaggi

I

Di questi palazzi le colonne magiche

All'amatore mostrano da tutte le parti,

Dentro gli oggetti che innalzano i loro portici,

Che l'industria è rivale delle arti.

Nouveaux Tableaux de Paris. Parigi, 1828, p.
27.

La maggior parte dei passaggi sono costruiti a Parigi,
nei quindici anni successivi al 1822. La prima condizione
per il loro sviluppo è l'apogeo del commercio dei tessuti. I
negozi di novità, prime strutture che hanno costantemente nella casa consistenti giacenze di merci, fanno la loro
apparizione. Questi sono i precursori dei grandi magazzini. È difatti a quest'epoca che fa allusione Balzac quando
scrive: "Il grande poema dello scaffale canta i suoi versi
colorati dalla Madeleine fino alla Porte Saint-Denis." **I
passaggi sono i nuclei del commercio per i beni di lusso** (*Fig.2*). Prossima alla sua trasformazione l'arte entra al
servizio del commerciante. I contemporanei non si stan-
cano di ammirarli. Per molto tempo essi resteranno un'at-
trazione per i turisti. In una guida illustrata di Parigi si
trova scritto: "Questi passaggi, invenzione recente del lusso industriale, sono dei corridoi con soffitto vetrato e cor-
nicioni in marmo, che attraversano interi blocchi di edifici

i cui proprietari si sono associati nella loro costruzione. Su entrambi i lati del passaggio, che riceve la sua luce dall'alto, si allineano i negozi più eleganti, in modo che tale passaggio assomigli ad una città, un mondo in miniatura." Ed è proprio nei passaggi che avvengono le prime sperimentazioni d'illuminazione a gas.

Il secondo requisito per lo sviluppo dei passaggi è sin dagli inizi offerto dalla costruzione metallica. Sotto l'Impero si era considerata questa tecnica come un contributo al rinnovamento dell'architettura nel senso della classicità greca. Il Boetticher, teorico dell'architettura, n'esprime il sentimento generale quando dice che "in riguardo alle forme d'arte del nuovo sistema, lo stile ellenico" deve essere messo in evidenza. Lo stile Impero è lo stile del terrorismo rivoluzionario, per il quale lo Stato è un fine in sé. Allo stesso modo in cui Napoleone non ha compreso la natura funzionale dello Stato come strumento di potere per la borghesia, così gli architetti del suo tempo non hanno compreso la natura funzionale del ferro, il cui principio costruttivo s'impone primariamente nell'architettura. Difatti questi architetti realizzano gli elementi di sostegno degli edifici imitando le colonne pompeiane, le fabbriche ispirandosi alle abitazioni civili, allo stesso modo in cui più tardi le prime stazioni ferroviarie avranno la sembianza di uno *chalet*. La costruzione interpreta dunque il ruolo del subconscio. Tuttavia il concetto d'ingegnere, che risale alle guerre rivoluzionarie, comincia ad affermarsi, e con esso inizia anche la rivalità tra il costruttore e il progettista, ossia tra la scuola politecnica e delle belle arti. - Per la prima volta a partire dai Romani un nuovo materiale artificiale per la costruzione, il ferro, fa la sua comparsa. Questo subirà un'evoluzione decisiva i cui ritmi nell'ultimo secolo si accelereranno notevolmente. Il modo di costruire riceverà un impulso decisivo il giorno in cui si constata che la locomotiva - oggetto di diversi tentativi a partire dal 1828 al 1829 - funziona in modo efficace solo su rotaie di ferro. Le rotaie si rivelano come i primi pezzi realizzati in ferro precursori dei supporti. Si evita l'impiego di questo materiale per le abitazioni, ma allo stesso tempo lo s'incoraggia per i passaggi, le sale espositive e le stazioni ferroviarie - ossia tutte quelle costruzioni che hanno una funzione di transito.

Figura 3 *Esplosione naturale*

II

Non c'è da stupirsi se l'interesse della massa,
la prima volta che si mostra, possa superare di
gran lunga l'idea o la rappresentazione che se
ne possedeva dei suoi limiti effettivi.

Marx ed Engels: *La Sainte-Famille*

Il più intimo impulso offerto all'utopia fourierista deve essere ravvisato nella comparsa delle macchine. Il falansterio doveva riportare gli uomini ad un sistema di rapporti in cui la morale non avrebbe avuto più alcun senso. Nerone sarebbe stato per la società civile più utile di Fénelon. Fourier non pensa di affidarsi alle virtù, ma al funzionamento efficace della società le cui forze propulsive sono per lui le passioni. Tramite gli ingranaggi delle passioni, tramite la combinazione complessa di passioni meccaniche e passioni cabalistiche, Fourier si rappresenta la psicologia collettiva alla stregua di un meccanismo ad orologeria. L'armonia fourierista sarà il prodotto necessario di quest'interazione.

Fourier insinua nel mondo a forme austere dell'Impero, l'idillio colorato dello stile anni Trenta. Mette a punto un sistema dove i prodotti della sua visione variopinta possano interagire con la sua idiosincrasia dei numeri. Le "armonie" di Fourier non si riferiscono in alcun modo ad una mistica dei numeri derivante da una tradizione qualsiasi. Esse emanano piuttosto dall'immediatezza di decreti personali: elucubrazioni di un'immaginazione organizzatrice, che egli possedeva assai sviluppata. Così ha previsto il modo d'incontrarsi dei cittadini. La giornata tipo degli abitanti del falansterio non trascorre a casa loro, ma in ampi spazi simili alle sale della Borsa, dove favoriti dalla mediazione d'agenti predisposti s'intrattengono

Nei passaggi Fourier ha riconosciuto il canone architettonico del falansterio. Ciò è quanto accentua il carattere "Impero" della sua utopia, che lo stesso Fourier riconosce senza difficoltà: "Lo Stato sociale sarà fin dall'inizio tanto più brillante quanto lunga è stata la sua attesa. La Grecia all'epoca di Solone e Pericle poteva già intraprenderlo." I passaggi, che dapprima si sono ritrovati a possedere un fine commerciale, diventano in Fourier luoghi residenziali. Il falansterio è una città costituita di passaggi. A questa "città in passaggi" l'ingegnere costruttore apporterà un carattere fantasmagorico. La "città in passaggi" è difatti un sogno che sedurrà l'attenzione dei parigini fino alla seconda metà del secolo inoltrata. Nel 1869 ancora, le "vie-gallerie" di Fourier forniscono la traccia per l'utopia di Moilin *Paris en l'an 2000*. La città qui adotta una struttura che la fa essere, assieme ai suoi negozi e appartamenti, il luogo ideale per il *flâneur*.

Marx ha preso posizione di fronte a Carl Grün per sostenere Fourier e valorizzare la sua "concezione colossale dell'uomo". Egli considerava Fourier come l'unico uomo, accanto a Hegel, che fosse stato in grado di guardare oltre la mediocrità del principio piccolo-borghese. Il sistematico superamento di questo tipo in Hegel corrisponde in Fourier al suo umoristico annientamento. Una delle caratteristiche più notevoli dell'utopia di Fourier, è che l'idea dello sfruttamento della natura da parte dell'uomo, così diffusa nel periodo successivo, gli è sostanzialmente estranea. **La tecnica per Fourier è ritenuta piuttosto come la scintilla per appiccare fuoco alle polveri della natura** (*Fig.3*). Forse è questa la chiave della sua strana rappresentazione secondo cui il falansterio si sarebbe diffuso "per esplosione". La concezione successiva dello sfruttamento della natura da parte dell'uomo è di fatto il riflesso dello sfruttamento dell'uomo da parte dei proprietari dei mezzi di produzione. Se l'integrazione della tecnologia nella vita sociale non è riuscita, la mancanza deve essere attribuita a questo sfruttamento.

Figura 4 *Distrazioni ipnotiche*

B. Grandville o le esposizioni universali

I

Sì, quando tutto il mondo, da Parigi alla Cina,

O divina Saint-Simon, sarà nella tua dottrina,

L'età d'oro rinascerà in tutto il suo splendore,

Nei fiumi scorrerà tè e cioccolato;

Pecore allo spiedo sgambetteranno nei pascoli,

Gli spiedini al formaggio nuoteranno nella Senna;

Gli spinaci nasceranno già stufati,

Con crostini tostati ben attorniati;

Gli alberi produrranno mele bollite,

E si mieteranno carrozze e stivali;

Nevicherà vino, pioveranno polli,

E dal cielo le anatre cadranno direttamente innanzi alle rape

Langlé e Vanderburch

Louis-Bronze et le Saint-Simonien

(Théâtre du Palais Royal, 27 Febbraio 1832).

Le esposizioni universali sono i centri del pellegrinaggio della merce-feticcio. "L'Europa si è spostata per vedere le merci", dice Taine nel 1855. Le esposizioni universali hanno avuto come precursori le mostre nazionali dell'industria, la prima delle quali ha avuto luogo nel 1798 al Campo di Marte. Essa è nata sulla base del desiderio di "divertire le classi laboriose e divenne per queste ultime una festa d'emancipazione." I lavoratori formano dunque la prima clientela. La categoria dell'industria per lo svago non si è ancora formata. Questa definizione sarà la festa popolare a fornirgliela. Il famoso discorso di Chaptal sull'industria apre questa esposizione. - I sansimoniani che pianificano l'industrializzazione del pianeta, si appropriano l'idea delle esposizioni mondiali. Chevalier, il primo esperto in questo nuovo ramo, è allievo d'Enfantin, e redattore del giornale sansimoniano *Le Globe*. I sansimoniani hanno previsto lo sviluppo del settore industriale mondiale, essi non hanno però previsto la lotta di classe. È per questo motivo che, in riguardo a tutte le imprese industriali e commerciali intorno alla metà del secolo, si deve riconoscere la loro impotenza verso le questioni concernenti il proletariato.

Le esposizioni internazionali idealizzano il valore di scambio delle merci. Esse creano un'idea per cui il valore d'uso passa in secondo piano. Le esposizioni universali furono una scuola dove le folle impossibilitate alla consumazione si lasciarono pervadere dal valore di scambio delle merci fino al punto di identificarsi con esso: "E 'vietato toccare gli oggetti esposti." Le esposizioni danno così accesso ad una fantasmagoria in cui l'uomo entra per pura distrazione. All'interno di quest'ambito dell'industria dello svago l'individuo trova dei divertimenti ai quali si abbandona e dove può consolidarsi come elemento di una massa compatta. Questa è quella che trova le sue soddisfazioni nei parchi di divertimento, con le loro montagne russe, i "gira volta" e le "file interminabili", in una condizione completamente reazionaria. Qui la massa si ammaestra alla sudditanza e all'affidamento nei confronti della propaganda politica e industriale. - **L'intronizzazione della merce e lo splendore delle distrazioni che la cir-**

condano, è il vero segreto dell'arte di Grandville
(*Fig.4*). Da qui la disparità tra il suo elemento utopico e
cinico. I suoi trucchi sottili nel rappresentare gli oggetti
inanimati sono ciò che Marx chiamerà "i capricci teologici"
della merce. L'espressione concreta si ritrova chiaramente
nella "specialità" - un'appellazione che nasce in quei tempi
per riferirsi al settore industriale delle merci di lusso. Le
creazioni fantasiose di Grandville realizzano la stessa cosa. Esse modernizzano l'universo. Gli anelli di Saturno diventano per lui un balcone in ferro battuto dove gli abitanti di Saturno prendono il fresco al tramonto. Alla stessa
maniera il balcone in ferro battuto rappresentante gli
anelli di Saturno all'esposizione universale, permetterà a
coloro che ci si avventurano d'essere trasportati nella fantasmagoria di sentirsi essi stessi veri abitanti di quel pianeta. La controparte letteraria di quest'utopia grafica è
l'opera dello studioso fourierista Toussenel. Egli tiene una
rubrica di scienze naturali in una rivista di moda. La sua
concezione è quella d'ordinare il mondo animale sotto lo
scettro della moda. Toussenel considera la donna come la
mediatrice tra l'uomo e gli animali. In qualche modo è lei
che si deve occupare di rendere grazioso il mondo animale, il quale come contropartita sarà attento a depositare ai
suoi piedi piume e pellicce. "Il leone non domanda di meglio che ci sia qualcuno ad accorciargli le unghie, ma a pat-
to che sia una bella ragazza a tenere le forbici in mano."

Figura 5 *Ostensorio*

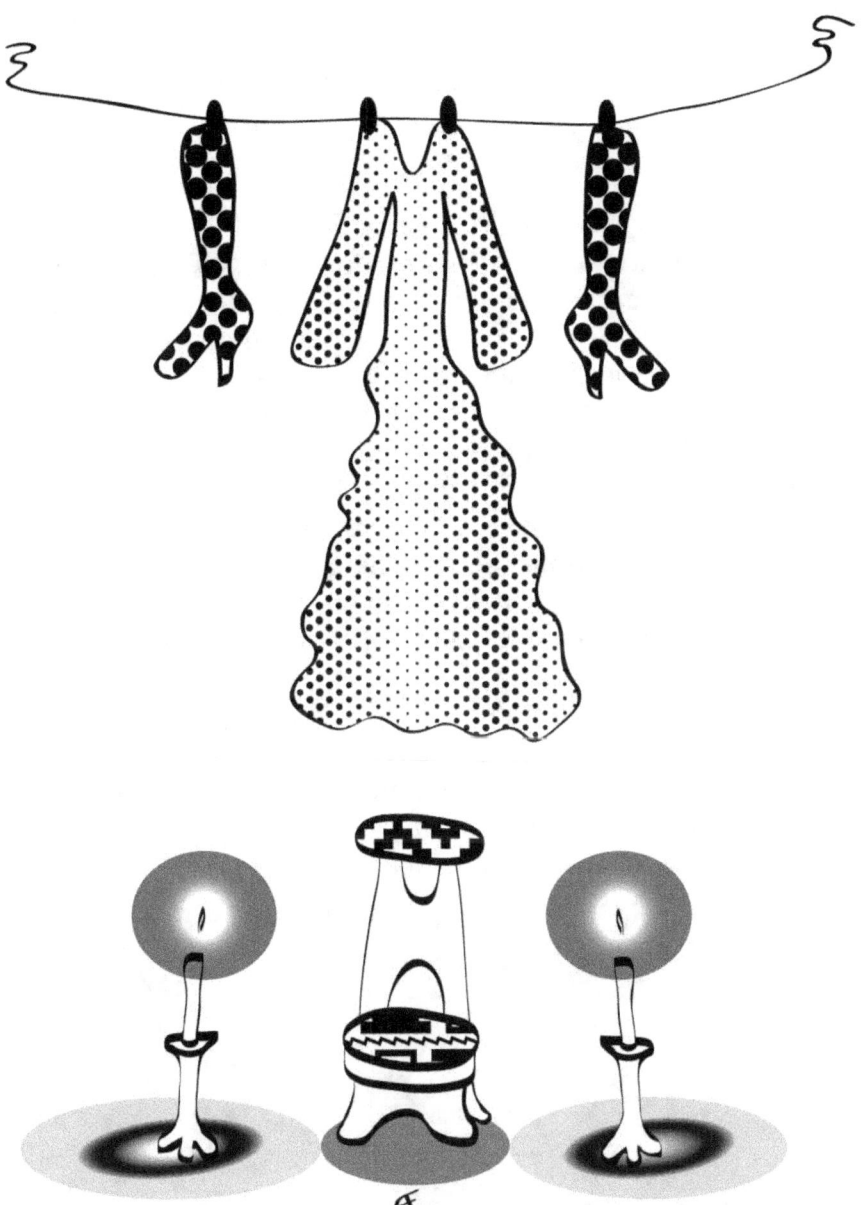

II

La moda: Signore la morte! Signore la morte!

Leopardi: *Dialogo tra la moda e la morte.*

La moda prescrive il rito secondo cui il feticcio, che è la merce, domanda d'essere adorato (*Fig.5*); Grandville n'estende l'autorevolezza tanto agli oggetti d'uso quotidiano che al cosmo. Spingendola alle sue estreme conseguenze ne rivela la natura. La moda accoppia il corpo vivente al mondo inorganico. Di fronte al vivente essa difende i diritti del cadavere. Il feticismo divenendo in questo modo il soggetto principale del *sex appeal* dell'inorganico, è il suo punto di forza. Le fantasie di Grandville corrispondono a questo spirito della moda, del quale lo stesso Apollinaire in seguito ne ha delineato l'immagine: "Tutti i materiali appartenenti ai diversi regni della natura, possono ora entrare nella composizione del costume di una donna. Ho visto un bel vestito fatto di tappi di sughero... La porcellana, la ceramica e la maiolica, hanno fatto bruscamente la loro apparizione nel campo dell'arte vestimentaria... Si fanno ora delle calzature in vetro veneziano e dei cappelli in cristallo di Baccarat."

Figura 6 *Il dentro dell''individuo*

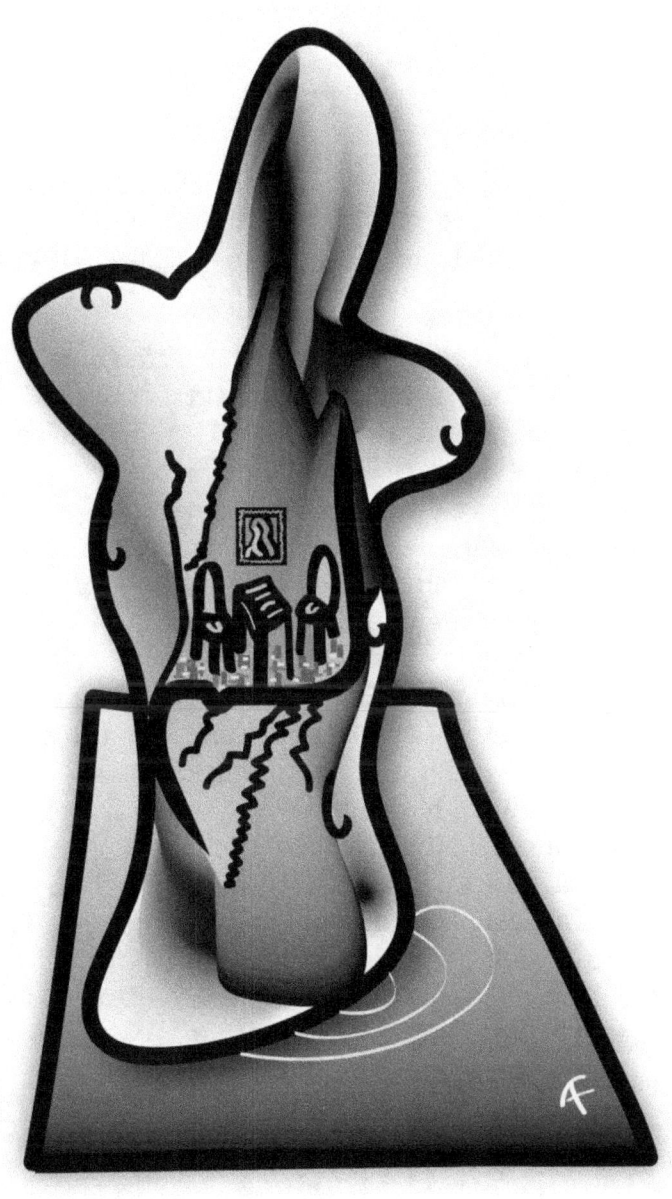

C. Louis-Philippe o l'interiore

I

Io credo... alla mia anima: la Cosa.

Léon Deubel: *Oeuvres* Parigi 1929, p. 193.

Sotto il regno di Luigi Filippo il privato entra nella storia. Per lui i locali delle abitazioni si trovano per la prima volta contrapposti agli spazi dove si svolge il lavoro. Sono appunto quelli a costituire gli interni, in cui l'ufficio possiede una funzione complementare. (D'altra parte questi si distingue chiaramente dal bancone, che con i suoi globi, le sue mappe murali e balaustre, si presenta come una reliquia prebarocca antecedente alla stanza di un'abitazione.) Il privato che considera generalmente solo la realtà dei fatti, nell'interiorità del suo ufficio coltiva invece le sue illusioni personali. Quest'esigenza è particolarmente pressante che egli non pensa affatto d'offrire ai suoi interessi economici il marchio della funzione che egli riveste socialmente. Nella disposizione dei suoi ambienti privati rinuncia a queste preoccupazioni. **Da qui deriva la fantasmagoria degli interni, che rappresenta per l'individuo un vero e proprio universo** (*Fig.6*). Egli congiunge regioni lontane e memorie del passato. Il suo salotto diviene un loggiato nel teatro del mondo.

Gli interni sono così la terra franca dove l'arte può rifugiarsi. Il collezionista si trova dunque ad essere il vero occupante di questi spazi. Il suo interesse è l'idealizzazione degli oggetti. Semplicemente perché li possiede è a lui che compete la fatica sisifiana di scrostare dalle cose il loro carattere di merce. Ma egli non potrà offrirgli altro che il valore che hanno per l'amatore, piuttosto che quello d'uso che hanno abitualmente. Il collezionista si compiace perciò a suscitare un mondo, non solo distante o di un altro tempo, ma contemporaneamente anche migliore; un mondo in cui l'uomo è certamente sprovvisto di ciò che ha veramente bisogno nel mondo reale, ma dove le cose sono però liberate dalla servitù della loro utilità.

II

La testa...

Sul comodino, come un ranuncolo,

Riposa.

Baudelaire: "Une martyre".

Gli interni non sono solo l'universo dell'individuo, ma anche il suo astuccio. A partire da Luigi Filippo si riscontra nel tipo borghese la tendenza a compensare l'assenza di tracce della vita privata nella grande città. Questa compensazione egli cerca di ritrovarla tra le quattro mura dell'appartamento. Per lui è come se in gioco ci fosse la questione di non perdere l'onore, facendo in modo che le tracce non si cancellino dagli oggetti e dagli accessori della vita comune. Instancabilmente dunque prende l'impronta di una varietà di oggetti; per le pantofole ed i suoi orologi, posate e ombrelli, immagina copertine e custodie. Ha una forte preferenza per il velluto e il *peluche*, che conservano l'impronta d'ogni contatto umano. In stile Secondo Impero il suo appartamento diventa una sorta d'abitacolo. Le vestigia dell'abitante si modellano assieme agli interni. Da ciò nasce il romanzo poliziesco che investiga su questi elementi costruendo una sua pista. La *filosofia dell'arredamento* e le "novelle-investigative" d'Edgard Poe, fanno di lui il primo fisionomista d'interni. I criminali nei primi romanzi non sono perciò né signori né apache, ma semplici privati borghesi (Il Gatto Nero, Il Cuore Rivelatore, William Wilson).

Figura 7   *I fiori e il male*

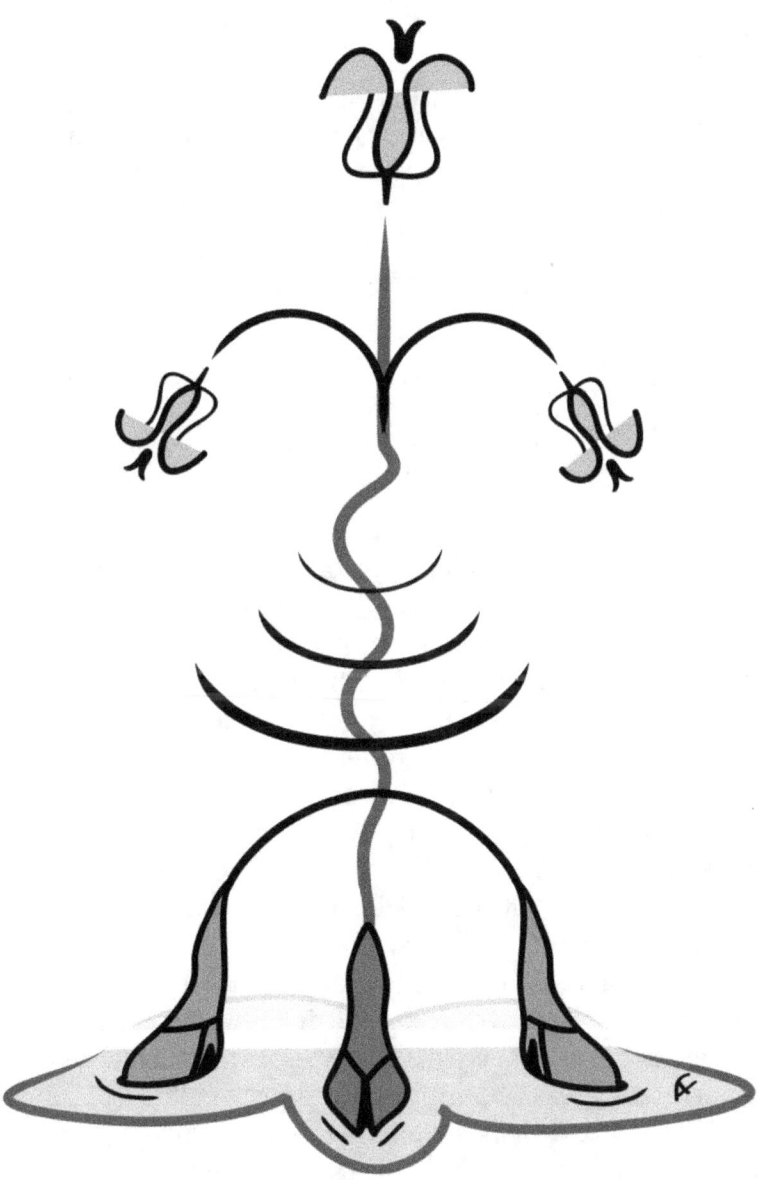

III

Dies Suchen nach *meinem* Heim... war *meine* Heimsuchung... Wo ist - *mein* Heim? Danach frage und suche und suchte ich, das fand ich nicht.

Nietzsche: *Also sprach Zarathustra.*

(Questa ricerca di un'interiorità che fu *mia...* è stata la *mia* prova.... dov'è la *mia* interiorità? Ecco ciò che domando e cerco, ciò che ho cercato e non ho trovato.)

La liquidazione dell'interiorità ha avuto luogo negli ultimi quindici anni del secolo da parte del "modern style", ma era comunque già stata preparata da tempo. L'arte degli interni era in fondo un'arte di genere. Il "modern style" ne suona così la campana a morto. Esso s'innalza contro l'infatuazione del genere ritenendolo un male del secolo e tacciandolo d'incondizionato ottimismo. Il "modern style" fa perciò entrare per la prima volta nelle sue realizzazioni certe forme tettoniche. Esso si sforza allo stesso tempo di staccare queste ultime dai loro rapporti funzionali e di presentarle come delle costanti naturali: in definitiva s'impegna a stilizzarle. I nuovi elementi della costruzione in ferro, e soprattutto i moduli di "supporto", catturano l'attenzione del "modern style". Nel campo della decorazione esso cerca d'integrare queste forme all'arte. Il calcestruzzo mette a disposizione nuove potenzialità in architettura. Per Van de Velde la casa si presenta come l'espressione plastica della personalità. Il motivo ornamentale gioca dunque in questo tipo di casa il ruolo della firma apposta sotto il quadro. Egli si compiace di parlare un linguaggio lineare a carattere medianico in cui il fiore, simbolo della vita vegetale, s'insinua nelle linee stesse della costruzione. **(La linea curva del "modern style" fa la sua comparsa nel titolo i** *Fiori del Male* (*Fig.7*). Una sorta di ghirlanda di fiori segna il collegamento che intercorre tra i *Fiori del Male*, le "anime dei fiori" di Odilon Redon, e il "fare catleya" di Swann). - Come Fourier l'aveva pronosticato è sempre più negli uffici e nei centri d'affari che bisogna ricercare l'effettivo ambiente vitale del cittadino. Inversamente la parte più fittizia della sua vita si attua nella casa privata. È in questo modo che *L'architetto Solness* riassume il "modern style"; il tentativo dell'individuo di misurarsi con la tecnica appoggiandosi solo sulle sue intime possibilità, lo conduce alla perdizione: l'architetto Solness perì cadendo dalla sommità della sua torre.

Figura 8 *Il flâneur si nasconde*

D. Baudelaire o le vie di Parigi

I

Tutto per me diventa allegoria.

Baudelaire: "Le Cygne".

Il genio di Baudelaire, che trova il suo alimento nella melanconia, è un genio allegorico. Per la prima volta in Baudelaire Parigi diventa l'oggetto della poesia lirica. Questa poesia del luogo si muove all'incontro di tutte le forme poetiche territoriali. Lo sguardo che il genio allegorico mostra immergendosi nella città è impregnato di un sentimento di profonda alienazione. È questo lo sguardo del *flâneur*, il quale offrendo al suo modo di vita l'appannaggio del benestante, tende a mitigare ciò che sarà il disagio dei futuri abitanti delle nostre metropoli. **Il *flâneur* cerca un rifugio nella folla** (*fig.8*). La folla è il velo attraverso cui la familiarità della città diviene per lui fantasmagoria. Quest'ultima, in cui la folla può apparire a volte paesaggio a volte stanza, sembra in conseguenza aver ispirato la decorazione dei grandi magazzini, i quali contano su chi passeggia per ipotizzare la loro cifra d'affari. In ogni caso i grandi magazzini sono gli ultimi paraggi per le passeggiate.

Nella persona del *flâneur* l'intelligenza si familiarizza col mercato. Questa ci si rende credendo di fare un giro, ma in realtà è già per trovare acquirenti. Allo stadio mitico in cui può ancora vantare dei mecenati, ma nel quale ha già iniziato a piegarsi alle esigenze del mercato (come in un racconto a puntate), l'intelligenza si costituisce nella *bohème*. All'indeterminazione della sua posizione economica corrisponde l'ambiguità della sua funzione politica. Ciò si mostra in modo molto evidente nei cospiratori di professione, che furono reclutati nella *bohème*. Blanqui è il rappresentante più noto di questa categoria di persone. Nessun altro nel XIX secolo potrà vantare un'autorevolezza rivoluzionaria paragonabile alla sua. L'immagine di Blanqui appare come un fulmine nelle *Litanie di Satana*. Ciò non toglie che la ribellione di Baudelaire abbia sempre mantenuto il carattere asociale: essa è senza speranza. L'unica comunione sessuale della sua vita l'ha realizzata con una prostituta.

Figura 9 *Sette mura*

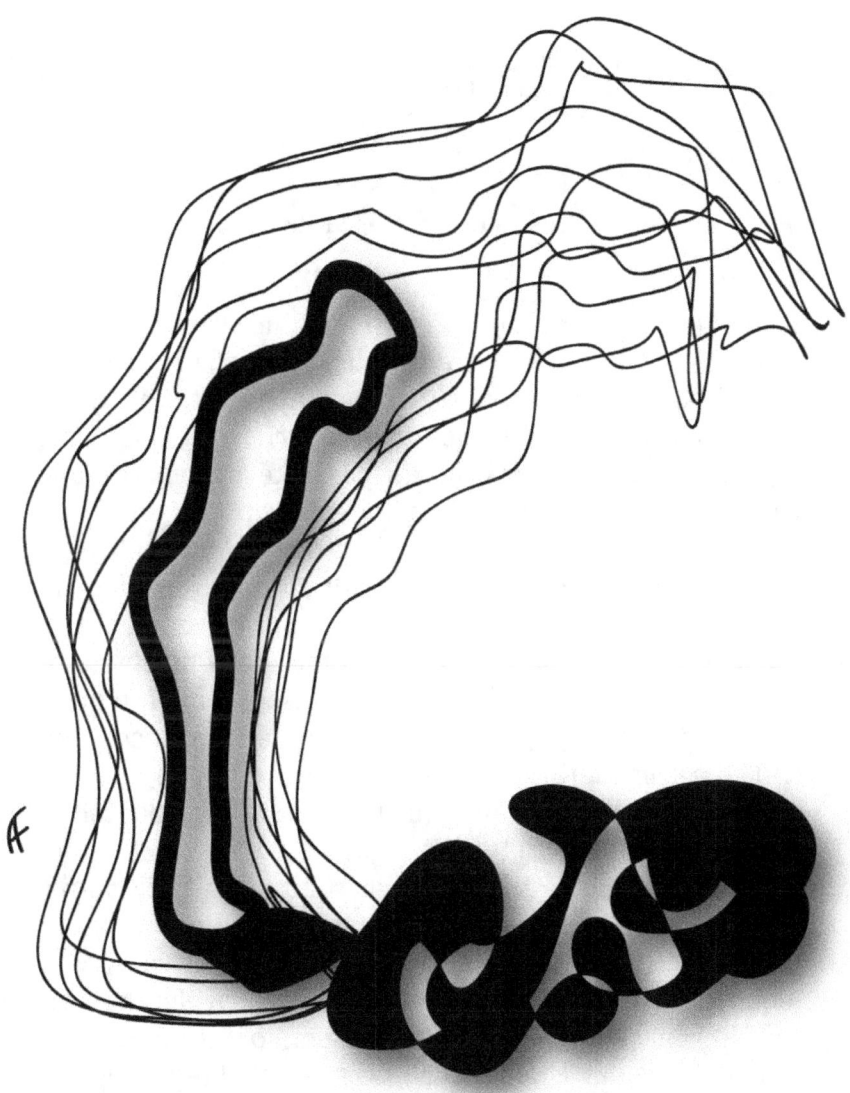

II

Niente tradiva né distingueva, venuto dal medesimo inferno,

Questo gemello centenario.

Baudelaire. "Les Sept Vieillards".

Il *flâneur* appare come un faro per il mercato. In questa veste egli è anche l'esploratore della folla. La folla fa nascere nell'uomo che ci si abbandona una specie d'euforia che si accompagna d'illusioni molto particolari, tant'è che egli si compiace, osservando il passante trascinato dalla calca, di averlo, secondo la sua esteriorità, classificato e riconosciuto in tutte le pieghe della sua anima. Le fisiologie contemporanee abbondano di documentazione su questa particolare concezione. L'opera di Balzac ne fornisce d'eccellenti. A tal punto le caratteristiche tipiche riconosciute tra i passanti finiscono per essere talmente pressanti che non ci si potrà più stupire della curiosità che spinge a considerarsi diversi da loro, e con una speciale singolarità soggettiva. Ma l'incubo che corrisponde all'illusoria perspicacia del fisionomista di cui abbiamo appena parlato, è quella di vedere che questi tratti distintivi, specifici del soggetto, si dimostrano a loro volta essere nient'altro che gli elementi costitutivi di un nuovo tipo; in modo che l'individualità meglio definita si rivelerebbe essere in conclusione solo un altro esempio di tipo. È lì che si manifesta nel cuore della *flânerie* una fantasmagoria angosciante. Baudelaire l'ha sviluppata con grande vigore nei *Sette Vecchi.* In questa poesia egli tratta dell'apparizione ripetuta per sette volte di un anziano dall'aspetto ripugnante. Nella sua moltiplicazione l'individuo che qui si presenta è il testimone dell'angoscia del cittadino a non essere più in grado, nonostante l'attuazione delle sue stranezze persino le più eccentriche, di **rompere il cerchio magico del tipo** (*Fig.9*). Baudelaire descrive l'aspetto di questo processo come infernale. Ma il nuovo che tutta la sua vita ha perseguito non è fatto d'altro materiale che quello della fantasmagoria del "sempre uguale". (La dimostrazione che si può offrire sostenendo che questa poesia trascriva il sogno di un fumatore di hashish, non invalida per nulla questa interpretazione.)

Figura 10 *L'orribilmente moderno dell'antico*

III

Al fondo dell'Ignoto per trovare qualcosa di
nuovo!

Baudelaire, "Le Voyage ".

La chiave della forma allegorica in Baudelaire è conso-
na al senso specifico posseduto dalla merce nel fatto d'essere regolata da un prezzo. All'avvilimento singolare delle
cose da parte del loro significato, caratteristico dell'allegoria del XVII secolo, corrisponde la loro particolare de-
gradazione dovuta al fatto di possedere come merci un
prezzo. Questo degrado subìto dalle cose nell'essere stig-
matizzate come beni, è controbilanciato in Baudelaire dal
valore inestimabile della novità. La novità rappresenta
dunque l'assoluto che non è più accessibile né all'interpretazione né alla comparazione. Essa diviene così l'ultimo
baluardo dell'arte. L'ultima poesia dei *Fiori del Male*: "Il
viaggio". "Oh Morte, vecchio capitano, è il momento! sal-
piamo l'ancora!" L'ultimo viaggio del *flâneur*: la Morte. Il
suo fine: il Nuovo. Il nuovo è dunque una qualità indipen-
dente dal valore d'uso delle merci. Ciò è all'origine dell'illusione per cui la moda ne sarebbe l'infaticabile fornitrice.
Che l'ultimo baluardo di resistenza dell'arte coincida con
il fronte d'attacco più avanzato della merce, è ciò che ri-
marrà celato a Baudelaire.

"Spleen e idéal" - nel titolo di questo primo ciclo dei *Fiori
del Male* la parola straniera più vecchia della lingua francese è accoppiata con la più recente. Per Baudelaire non vi

è contraddizione tra i due concetti. Riconosce nello spleen l'ultima trasfigurazione temporale dell'ideale, e l'ideale gli sembra essere la prima espressione temporale dello spleen. In questo titolo dove l'estremamente nuovo è presentato al lettore come "estremamente antico", Baudelaire delinea con gran vigore la sua concezione di modernità. La sua teoria dell'arte ha interamente come asse portante la "bellezza moderna", e il criterio della modernità gli sembra essere il seguente: essa è segnata in un angolo dalla fatalità d'essere stata un giorno l'antico, ma ciò lo potrà rivelare solo a colui che è stato testimone della sua nascita. Questa è la quintessenza dell'imprevisto che vale per Baudelaire come una qualità inalienabile del bello. Il volto della modernità ci schiaccia con uno sguardo immemore. **Tale è lo sguardo della Medusa per i Greci** (*fig.10*).

E. Haussmann o le barricate

I

Ho il culto del Bello, del Bene, delle cose grandi,

Della bella natura che ispira la grande arte,

Che incanta l'orecchio o affascina l'occhio;

Amo la primavera in fiore: le donne e le rose!

Barone Haussmann, *Confession d'un lion devenue vieux.*

L'attività di Haussmann appartiene all'imperialismo napoleonico favorente il capitalismo finanziario. A Parigi la speculazione si trova al suo apogeo. Gli espropri di Haussmann ingenerano la speculazione rasentando la truffa. Le sentenze della Corte di cassazione, promosse dall'opposizione borghese e orleanista, aumentano i rischi finanziari della haussmannizzazione. Haussmann cerca d'offrire un solido sostegno alla sua dittatura mettendo Parigi in uno stato di regime speciale. Nel 1864 dona sfogo alla sua avversione per le popolazioni instabili delle grandi città in un discorso alla Camera. A causa delle sue imprese queste popolazioni andranno però ad ingrossarsi costantemente. L'aumento dei canoni di locazione conduce i proletari nei sobborghi. In questa maniera i quartieri di Parigi perdono la loro fisionomia. La "cintura rossa" si costituisce. Haussmann si è dato lui steso l'appellativo di "artista demolitore." Possedeva una vera e propria vocazione per l'opera che aveva intrapreso; lo sottolineò chiaramente nelle sue memorie. I mercati centrali appaiono la realizzazione meglio riuscita di Haussmann, e si può riconoscere in ciò un sintomo assai interessante. Si diceva che dopo il passaggio di Haussmann nel centro storico della città fosse rimasto solo una chiesa, un ospedale, un edificio pubblico e una caserma. Hugo e Mérimée fanno comprendere quanto le trasformazioni di Haussmann siano apparse ai parigini come un vero e proprio monumento del dispotismo napoleonico. Gli abitanti della città non si sentono più a casa loro, e iniziano così a divenire coscienti del carattere disumano della grande città. L'opera monumentale di Maxime Du Camp, *Paris*, deve la sua esistenza a questa consapevolezza. Le acque-forti di Meryon (verso il 1850) prendono la maschera mortuaria della vecchia Parigi.

Il vero obiettivo dell'opera di Haussmann era quello d'offrire un'assicurazione contro l'eventualità di una guerra civile. Voleva rendere impossibile per sempre la costruzione di barricate nelle strade di Parigi. Perseguendo il medesimo obiettivo Luigi Filippo aveva già introdotto la pavimentazione stradale in legno. Tuttavia le barricate avevano svolto un ruolo importante nella Rivoluzione di Febbraio. Engels s'occupò dei problemi tattici nei combattimenti sulle barricate. Haussmann mira a prevenirli in due modi. La larghezza delle strade per renderne l'erezione impossibile, e la realizzazione di nuove strade ritte per permettere il passaggio veloce dalle caserme ai quartieri popolari. I contemporanei hanno battezzato la sua impresa: "abbellimento strategico".

Figura 11 *Scenografie da Boulevard*

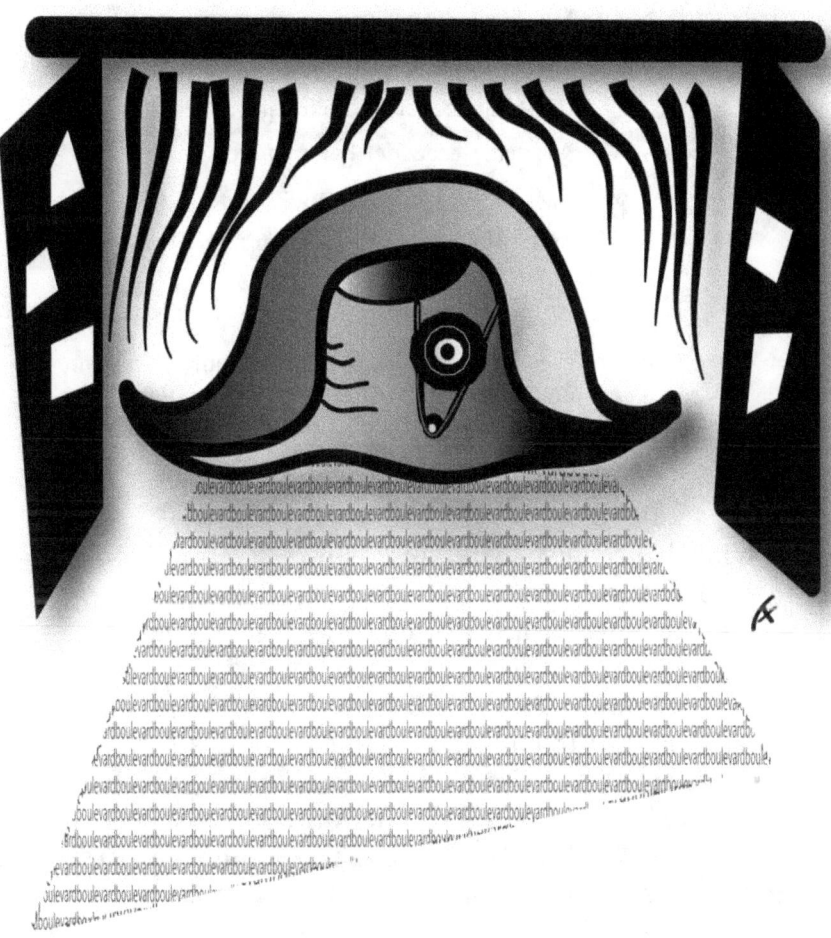

II

Das Blüthenreich der Dekorationen,

Der Reiz der Landsehaft, der Architektur

Und aller Szenerie-Effekt beruhen

Auf dem Gesetz der Perspektive nur.

Franz Böhle: *Theater-Katechismus*, Monaco di Baviera, p. 74.

(La ricchezza delle decorazioni,/Il fascino dell'architettura/E tutti gli effetti decorativi del teatro riposano/ Unicamente sulla prospettiva).

L'ideale urbanistico di Haussmann era fatto di prospettive aprenti su lunghe file di strade. Quest'ideale corrisponde alla tendenza ricorrente nel XIX secolo di nobilitare le esigenze tecniche con pseudo-finalità artistiche. I templi del potere spirituale e secolare della borghesia dovevano trovare la loro apoteosi nelle lunghe e ripetitive disposizioni stradali. Si nascondevano queste prospettive prima dell'inaugurazione con dei drappi che si sollevano come si svela un monumento, e **la vista poteva aprirsi su una chiesa, una stazione, una statua o qualche altro simbolo di civiltà** (*fig.11*). Nella haussmannizzazione di Parigi la fantasmagoria si è fatta pietra. Pur destinata alla perennità, non manca di suggerire la fugacità. L'*Avenue de l'Opéra*, che secondo le mali lingue dell'epoca concedeva l'ampliamento panoramico alla casa del portiere dell'*Hôtel*

du Louvre, mostra quanto poco fosse contenuta la mega-
lomania del prefetto.

Figura 12 *Barricate ardenti*

III

Fai vedere, ingannando la furbizia,

Oh Repubblica a questi perversi

La tua smisurata faccia di Medusa

In mezzo ai rossi lampi.

Pierre Dupont, *Chant des Ouvriers.*

La barricata è stata resuscitata dalla Comune. Più forte e meglio concepita di prima. Ora occlude i grandi *boulevards* e sovente s'innalza sino all'altezza dei primi piani, celando le trincee che la costituiscono. Allo stesso modo in cui il *Manifesto Comunista* conclude l'epoca dei cospiratori di professione, così la Comune dissolve la fantasmagoria che governa le prime aspirazioni proletarie. Tramite essa l'illusione che il compito della rivoluzione proletaria fosse di giungere al compimento dell'opera del 1780 in stretta collaborazione con la borghesia, si dilegua. Questa chimera aveva segnato il periodo 1831-1871, ossia a partire dai disordini di Lione fino alla Comune. La borghesia non ha mai condiviso quest'errore. La sua lotta contro i diritti sociali del proletariato è vecchia quanto la grande rivoluzione. Essa coincide con il movimento filantropico che la occulta, e che ha avuto il suo pieno sviluppo con Napoleone III. All'epoca del suo governo nacque la monumentale opera di questo movimento: il libro di Le Play, *Operai Europei.*

Vicino alla posizione d'apertura della filantropia, la borghesia ha sempre assunto una posizione ambigua nei confronti della lotta di classe. Già nel 1831 riconosce nel *Giornale dei dibattiti*: "Ogni impresario vive nella sua fabbrica come i proprietari delle piantagioni stanno assieme ai loro schiavi." Se è stato fatale per i vecchi moti dei lavoratori che nessuna teoria rivoluzionaria sia stata in grado di mostrargli il cammino, d'altra parte questa è apparsa anche la condizione necessaria per donare a quelle teorie la forza e l'entusiasmo di perseguire energicamente la realizzazione di un nuovo tipo di società. Quest'entusiasmo che culminò nella Comune guadagnò qualche volta alla causa dei lavoratori i migliori elementi della borghesia, mentre dall'altra portò gli operai a rimanere soggiogati dai suoi peggiori elementi. Rimbaud e Courbet si schierarono con la Comune. **L'incendio di Parigi è il degno coronamento dei lavori di distruzione del barone Haussmann** (*Fig.12*).

Figura 13 *L'allucinazione dell'eterno ritorno*

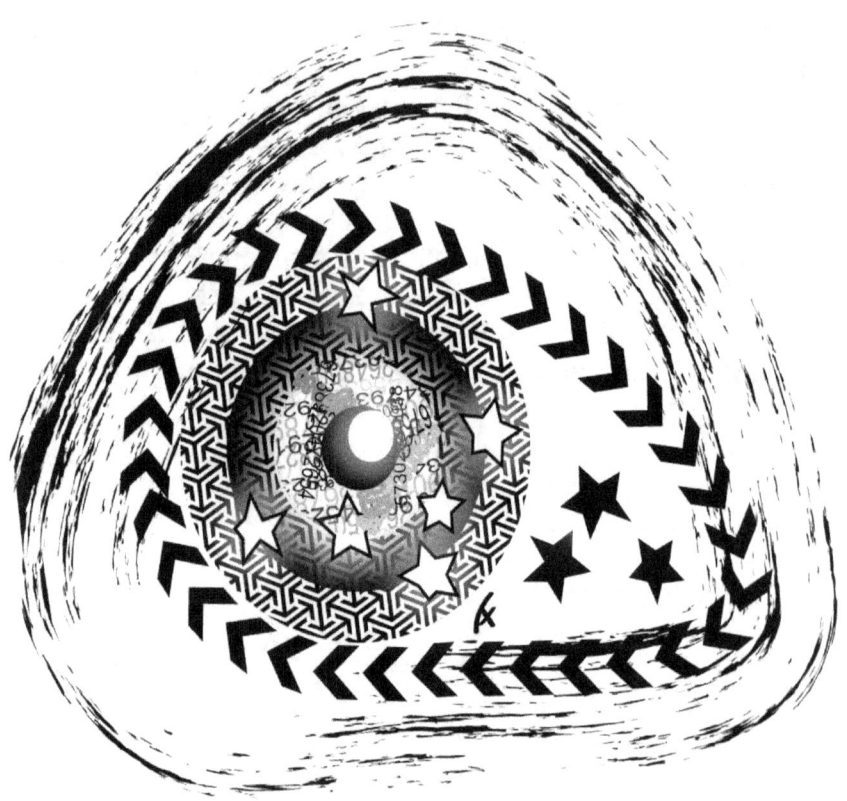

Conclusioni

Uomini del XIX secolo, l'ora della nostra
apparizione è fissata per sempre, ripor-
tandoci senza tregua verso l'immutabile.

Auguste Blanqui, L'Eternité par les astres.
Parigi 1873, p. 74-76.

Durante la Comune Blanqui era imprigionato al forte
del Taureau. È lì che scrisse *L'Eternità secondo gli astri*.
Questo libro sembra completare la costellazione delle fantasmagorie del secolo trascorso, e lo fa anch'esso con una
fantasmagoria, in questo caso cosmica, che si materializza
implicitamente come la critica più aspra in assoluto. Le
riflessioni ingenue di un autodidatta, che costituiscono la
parte principale di questo scritto, apre la via ad una speculazione che infligge allo slancio rivoluzionario dell'autore uno scacco crudele. La concezione dell'universo che
Blanqui sviluppa in questo libro, prendendo spunto dagli
apporti delle scienze naturali meccanicistiche, appare come una visione infernale. Questa è la parte della società
che Blanqui verso la fine della sua vita è costretto a riconoscere come l'elemento che ha prodotto la sua sconfitta.
L'ironia di questo costrutto, ironia senza dubbio celata
all'autore stesso, è che la terribile requisitoria che egli
pronuncia contro la società assume la forma di una resa
incondizionata alle sue conseguenze. **Questo scritto presenta l'idea dell'eterno ritorno delle cose dieci anni**

prima di *Zarathustra*, (*Fig.13*) in modo appena meno
tragico, e con un'estrema potenza allucinatoria.

Quell'idea qui non ha nulla di trionfale, lasciando piuttosto
un senso d'oppressione. Blanqui si preoccupa di tracciare
un quadro del progresso nel quale - l'antichità immemore,
si pavoneggia nella celebrazione dell'ultima novità - rive-
landosi però essere la fantasmagoria della storia stessa.
Ecco il passaggio in questione:

"L'intero universo è composto da sistemi stellari. Per
crearli la natura non ha che un centinaio d'elementi fon-
damentali a sua disposizione. Nonostante l'enorme van-
taggio che essa trae e il numero incalcolabile di combinazioni che offrono alla sua profusione, il risultato è necessa-
riamente un numero finito, come gli elementi stessi, e
per soddisfare lo spazio vuoto, la natura deve ripetere
all'infinito ognuna delle sue combinazioni originali o tipi.
Ogni astro, indifferentemente, esiste dunque in un numero infinito, sia nel tempo che nello spazio, e non solo in
uno dei suoi aspetti, ma come appare in ognuno dei se-
condi della sua durata, dalla nascita alla morte... La terra è
essa stessa uno di quegli astri. Ogni essere umano è dunque eterno in ogni secondo della sua esistenza. Quello che
scrivo ora in una cella del forte Taureau, io l'ho scritto e lo
scriverò per l'eternità, su un tavolo, con una penna, con
degli abiti, in circostanze del tutto simili. Così ogni volta...
tanti sono i numeri infiniti dei nostri sosia, sia nel tempo
che nello spazio. In coscienza, non possiamo aspettarci di
più. Questi sosia sono in carne e ossa, precisamente in
pantaloni e paltò, in crinolina e crocchia. Non sono fanta-
smi, ma dell'attualità eterna. Ecco dunque un grande errore: il progresso non esiste... Ciò che noi chiamiamo progresso è solo la conformazione d'ogni terra, ed è pertanto
destinato a svanire con lei. Per sempre ed ovunque, sulla

terra, lo stesso dramma, lo stesso contesto, nello stesso ambito ristretto, un'umanità rumorosa, infatuata dalla sua grandezza, credendosi l'universo e vivendo in una prigione, come in un'immensità, per affondare ben presto con il globo che con la più profonda avversione ha sorretto il peso del suo orgoglio. Stessa monotonia, stesso immobilismo, negli astri sconosciuti. L'universo si ripete all'infinito scalpitando sul posto. Nell'infinito l'eternità mette in scena imperturbabilmente le stesse rappresentazioni. "

Questo rassegnarsi senza speranza è l'ultimo grido del grande rivoluzionario. Il secolo non è riuscito ad offrire alle nuove possibilità tecniche la risposta di un nuovo ordine sociale. L'ultima parola di Blanqui è così rimasta ai servigi mistificanti di vecchio e nuovo, ossia il cuore di queste fantasmagorie. Il mondo dominato dalle sue fantasmagorie, è - servendoci di un'espressione di Baudelaire - la modernità. La visione di Blanqui fa entrare nella modernità - di cui i sette vecchi appaiono come gli araldi - l'universo tutto intero. Alla fine la novità si proclama come l'attributo evidente della dannazione. Analogamente in una parodia di poco anteriore, *Cielo e Inferno*, le punizioni dell'inferno appaiono come l'ultima novità in assoluto, "pene eterne: eternamente nuove". Gli uomini del XIX secolo, a cui Blanqui si rivolge come apparizioni, vengono da questi luoghi.

Postfazione

Assumere questo scritto di Benjamin alla luce della fantasmagoria, appare assai evidente. Difatti è questo il concetto che ricorre costantemente e lega le varie parti del suo progetto di ricerca. In questa prospettiva risulta utile cercare di comprendere, non tanto cosa sia la fantasmagoria nel suo stato di fatto, ma quale sia il motivo che la generi. L'autore difatti ci mette di fronte a delle considerazioni che non mostrano cosa sia, ma come operi. Il suo approccio non è di tipo ontologico, ma storiografico. Tuttavia ciò non deve far intendere la questione della fantasmagoria come un fatto avvenuto in un tempo concluso, ma come l'atto di un vero e proprio momento che, pur appartenendo al passato, simmetricamente appartiene anche all'attualità stessa. Sin dall'inizio Benjamin espone chiaramente la questione: la storia non è una sequela di cose e fatti messi assieme come fossero un catalogo. Questa è la storia di chi sotto il suo nome vuole collezionare solo delle cose, non comprendere. Ciò che interessa l'autore è invece la ricerca di quei frammenti che hanno la capacità di aprire gli occhi sulla realtà effettiva, e non semplicemente quella conclusa in un tempo trascorso. È come se nella produzione culturale si fossero sedimentati non solo gli aspetti riconoscibili e consistenti di un'epoca, ma anche quelli inconsistenti, che lo studioso ha il compito d'investigare per svelarne le tracce e comprendere dove egli stesso, ma potremmo dire anche il lettore medesimo, si collochi nei confronti della sua realtà. La storia è perciò solo il momento particolare in cui un qualcosa si è mostrato, caratterizzando con il suo segno la materia, tuttavia quel segno datosi nella storia possiede un movente che non è concluso con il suo momento storico. La storia ha perciò un carattere "genetico": vive e si perpetua in ogni attualità, proprio perché essa vive costantemente assieme alla vita degli uomini stessi, è questo ad essere "Capitale" per Benjamin.

La fantasmagoria si riallaccia direttamente a questa concezione; anch'essa difatti non è un prodotto concluso, bensì ciò che dà vita a certi prodotti. Essa non è perciò morta con il segno che ha generato, piuttosto continua anch'essa a vivere, dato che proviene dall'essere dell'uomo, dal suo innato e perpetuo atto di desiderare.

In questo senso per Benjamin la questione della fantasmagoria non può essere ridotta semplicemente ad un inganno, come fossero le ombre nella caverna della Repubblica di Platone, perché essa a differenza di quelle non è un'operazione agita con l'intento d'ingannare, ma piuttosto il frutto di un desiderio che non è riuscito a trovare una corrispondenza effettiva nella realtà. Le fantasmagorie di Benjamin non sono perciò le ombre che si vedono, ma il vuoto dei rapporti che non si sono avuti. Quando il desiderio non riesce a trovare un adeguato corrispettivo nella realtà, quando esso non può prendere forma nella concretezza, esso produce il vacuo: la fantasmagoria. E sono proprio queste incongruenze che Benjamin ricerca. Egli non è sulle tracce dell'evidenza formale, ma di ciò che la storia ha occultato, di quei segni che essa non è stata in grado d'assumere, proprio perché non si è dimostrata all'altezza delle esigenze umane. Benjamin non ricerca le storie a lieto fine, non investiga i matrimoni conclusi con il beneplacito di tutti gli invitati, ma le zone d'ombra in cui il rifiuto ha trovato sbocco nell'incongruenza. Ad esempio le grandi esposizioni universali, dove tutto si può guardare e nulla toccare, proprio perché non può essere a disposizione di tutti, oppure i velluti e i *peluche* che tentano di compensare la realtà di una grande città che non è in grado d'accogliere la peculiarità delle singole persone, di permettergli di divenire altro che una massa di gente.

Questa sorta d'archeologia delle incongruenze che Benjamin pone in atto, ha la capacità di mostrare come la realtà abbia negato le attese. Essa non ha l'intenzione di delegittimare il desiderio. Benjamin non possiede intenti moralistici. Egli è convinto che quando la realtà non è in grado di corrispondere alle ambizioni umane, è quest'ultima che ha il dovere di cambiare, non quelle. I desideri degli uomini sono sempre legittimi. Il suo pensiero è perciò certamente materialistico, ma di un materialismo che considera che è la realtà a dover essere in grado di corrispondere all'uomo, non viceversa. È essa che ha il compito di porsi al servizio delle sue aspirazioni. Quando la realtà non è in grado di far ciò, allora è lo stato delle fantasmagorie a regnare, e compito dello studioso: svelarlo.

Indice generale

PREMESSA..7

INTRODUZIONE 9

A. FOURIER O I PASSAGGI 12
  I..12
  II...15

B. GRANDVILLE O LE ESPOSIZIONI UNIVERSALI 18
  I..18
  II...22

C. LOUIS-PHILIPPE O L'INTERIORE..24
  I..24
  II...26
  III 28

D. BAUDELAIRE O LE VIE DI PARIGI 31
  I..31
  II...34
  III 37

E. HAUSSMANN O LE BARRICATE 39
  I..39
  II...42
  III 44

CONCLUSIONI 47

POSTFAZIONE 50

Indice delle figure

Figura 1 *Ritrovare la Storia* 8

Figura 2 *Vorrei* 11

Figura 3 *Esplosione naturale* 14

Figura 4 *Distrazioni ipnotiche* 17

Figura 5 *Ostensorio* 21

Figura 6 *Il dentro dell''individuo* 23

Figura 7 *I fiori e il male* 27

Figura 8 *Il flâneur si nasconde* 30

Figura 9 *Sette mura* 33

Figura 10 *L'orribilmente moderno dell'antico* 36

Figura 11 *Scenografie da Boulevard* 41

Figura 12 *Barricate ardenti* 43

Figura 13 *L'allucinazione dell'eterno ritorno* 46

www.temperino-rosso-edizioni.com